AF316136

Alfred NEYMARCK

LES CHEMINS DE FER

DEVANT

LE PARLEMENT

Prix : **1 fr. 50**

PARIS

LIBRAIRIE GUILLAUMIN et Cie

Éditeurs du *Journal des Économistes*, de la *Collection des principaux Économistes*,
du *Dictionnaire de l'Économie politique*,
du *Dictionnaire du Commerce et de la Navigation*, etc.

RUE RICHELIEU, 14

1880

OUVRAGES

DU MÊME AUTEUR.

Aperçus financiers, Tome 1er, 1868-1872, 1 vol. grand in-8°. Paris, Dentu, éditeur.

Aperçus financiers, Tome II, 1872-1873, 1 vol. grand in-8°. Paris, Dentu, éditeur.

La Rente française, ses origines, ses développements, ses avantages. In-8°. Paris, Dentu, éditeur.

De la nécessité d'un Conseil supérieur des finances. In-8°. Paris, Dentu, éditeur.

Les Milliards de la guerre. In-8°. Paris, Dentu, éditeur.

La Question monétaire. In-8°.

La Conversion de la Rente 5 %. In-8°, Paris, Dentu, éditeur.

Colbert et son Temps, 2 vol. grand in-8°. Paris, Dentu, éditeur.

Les grands Travaux publics. In-8°. Paris, Guillaumin et Cie, éditeurs.

Les Contribuables et la Conversion de la Rente. Grand in-8°. Paris, Guillaumin et Cie, éditeurs.

La Nouvelle Loi sur les Patentes et les affaires de finance. In-8°, Paris, 1880.

ALFRED NEYMARCK

LES CHEMINS DE FER

DEVANT

LE PARLEMENT

PARIS

LIBRAIRIE GUILLAUMIN ET Cie

Éditeur du *Journal des Économistes*, de la *Collection des principaux Économistes*,
du *Dictionnaire de l'Économie politique*,
du *Dictionnaire du Commerce et de la Navigation*, etc.

RUE RICHELIEU, 14

—

1880

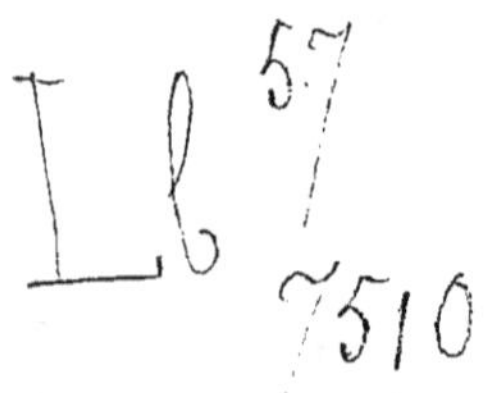

TABLE DES MATIÈRES

LES CHEMINS DE FER

DEVANT

LE PARLEMENT

La question des chemins de fer est, pour toutes les nations, à l'heure même où nous sommes, une question capitale, vitale. Elle est étroitement liée à toutes les questions politiques, économiques et sociales de notre temps ; elle tient parmi elles, sinon la première place, du moins une des plus consirables.

Elle intéresse le pays, l'Etat, la société, les citoyens au plus haut degré, parce qu'elle touche à la fois à notre existence politique, industrielle, commerciale, agricole, à notre vie publique, privée, intime. On ne saurait aujourd'hui transformer le régime actuel de nos chemins de fer sans modifier d'une façon plus ou moins profonde, plus ou moins heureuse, nos habitudes, nos mœurs, nos besoins, nos relations de toute nature.

Développement de notre richesse, activité de notre produc-

tion, extension de nos rapports internationaux, préservation
du territoire national, relèvement de notre marine, mul-
tiplication des échanges d'idées et de choses, obligations de
famille et de situation, satisfaction de notre goût pour le
plaisir, pour le repos ou le luxe : il n'est pas un intérêt, pas
un besoin, pas une nécessité, à laquelle ne se rattache cette
grande question dont la solution est recherchée depuis si
longtemps et qui, bonne ou mauvaise, doit être regardée
aujourd'hui comme imminente.

Cette solution, disons-nous, peut être bonne et peut être
mauvaise. Cela dépend du soin avec lequel elle aura été pré-
parée, de la sincérité avec laquelle elle aura été recherchée,
de l'esprit dans lequel on l'aura poursuivie, du degré enfin
d'élaboration et de maturité auquel sera parvenue la question elle-même.

Soulevée invinciblement, il y a déjà plusieurs années, par
des symptômes industriels fort graves, puis par des désastres
financiers qu'on ne saurait oublier, la question des chemins
de fer s'est imposée à tous les esprits. Facile à résoudre,
peut-être, à son début, elle a subi de longues vicissitudes :
elle est aujourd'hui difficile, complexe, presque périlleuse.
Le temps l'a aggravée, les passions l'ont envenimée ; elle est
devenue un sujet de luttes ardentes, et de compétitions opi-
niâtres.

Nous n'hésitons à faire pressentir, dès l'entrée de cette
étude, la nature de nos conclusions : la question nous a paru
mal engagée, mal dirigée, et poussée sur une pente dange-
reuse vers une issue funeste que nous voudrions pouvoir lui
fermer s'il en était temps encore.

Ce travail n'a pas d'autre objet et ces quelques lignes suf-
fisent à en justifier l'opportunité.

Mais il serait impossible de bien saisir les conditions dans
lesquelles le problème se présente actuellement, si l'on ne
savait dans quels termes il s'est posé tout d'abord, comment
il s'est successivement transformé, développé et les diverses
phases qu'il a traversées.

Il importe donc, avant d'examiner les solutions en présence, et en particulier celle qu'on préconise le plus ardem-
ment, il importe de retracer rapidement l'historique de
question et d'en préciser la position actuelle.

Juin 1880.

CHAPITRE Ier

HISTORIQUE & POSITION DE LA QUESTION

I

La question des chemins de fer se posa, d'une manière toute discrète d'abord, en 1875, lorsque se révéla la situation précaire de certaines compagnies de second ordre qui ne puisaient pas en elles-mêmes des éléments suffisants de prospérité.

Parmi ces compagnies, il en était cependant qui ne semblaient pas avoir été créées dans des conditions absolument défavorables. Il en était une au moins qui, pourvue de la garantie de l'Etat, accrue de certains compléments utiles, munie de têtes de lignes nécessaires, eût pu, au bout d'un certain laps de temps, vivre sagement et se suffire. Pour une cause ou pour une autre, ce dont cette Compagnie avait besoin, elle le demanda en vain et ne le reçut pas.

Personne aujourd'hui ne songe à demander si les pouvoirs publics — c'est-à-dire l'État — firent exactement tout ce qu'ils devaient faire.

Les autres lignes, jetées un peu à l'abandon sur notre territoire, sans objet bien déterminé, sans espérance bien solide, paraissaient avoir été créées surtout en vue d'être ultérieurement rachetées par les grandes Compagnies. Les intentions qui animèrent ceux qui les établirent n'ont pas à nous préoccuper ici. Toujours est-il que, viables ou non, les unes et les autres tombèrent en souffrance, en détresse et que la nécessité de les conserver aux populations et aux contrées auxquelles elles étaient devenues indispensables s'imposa avec une inéluctable énergie.

Cette nécessité cependant ne parut pas assez urgente pour que l'Assemblée Nationale d'abord, et, plus tard, la première Chambre des Députés se montrassent empressées d'y faire face.

Un ministre actif, plein de talent et de zèle, qui, depuis, a donné ailleurs des preuves de ses rares qualités d'administrateur et de financier habile, M. Christophle, aujourd'hui gouverneur du Crédit Foncier de France, proposa la solution qui paraissait la plus simple, qui était la plus rapide, et qui eût été certainement la plus avantageuse à quelque point de vue qu'on se plaçât : la concession à la Compagnie d'Orléans des lignes exploitées dans sa région et qui ne lui appartenaient pas.

Une hostilité violente, irréfléchie, mais irrésistible, contre les grandes Compagnies éclata alors et trouva son expression, cependant atténuée dans un rapport présenté par l'honorable M. Richard Waddington.

Dès ce moment, une idée, dont nous suivrons le développement, se fit jour ; elle sembla audacieuse à l'époque : le rachat de la Compagnie d'Orléans.

La Chambre parut elle-même un peu effrayée de la conséquence d'une telle proposition et elle se borna à inviter le gouvernement à traiter avec la Grande Compagnie sur des bases déterminées. L'Etat devait racheter les lignes secondaires et les rétrocéder à la Compagnie d'Orléans à la condition qu'il eût pleine autorité sur les tarifs, sur le trafic, et qu'il pût sans cesse ordonner la construction de nouvelles lignes afférentes à ce réseau. Si la Compagnie se refusait à conclure le marché, l'État devait purement et simplement exploiter lui-même le réseau racheté.

L'amendement de M. Allain-Targé, dont nous venons de donner la substance, avait, on ne saurait le nier, un caractère vraiment comminatoire ; il renfermait une sorte de mise en demeure, non pour le Ministre, mais pour la Compagnie d'Orléans et les conditions du traité à négocier étaient présentées de telle manière qu'elles semblaient, pour ainsi dire, provoquer un refus. La Compagnie d'Orléans cependant accepta tout, sauf ce qu'il n'était pas en son pouvoir de consentir, l'abandon absolu de ses tarifs et la réglementation de son trafic.

Sur ces entrefaites, M. de Freycinet arriva aux affaires ; il traduisit en un projet de rachat des lignes secondaires les tendances nettement accusées d'un grand nombre de députés et il fut décidé que les lignes rachetées seraient provisoirement exploitées par l'Etat.

Il est utile de noter que, pendant ce temps, à travers toutes ces délibérations, toutes ces négociations, toutes ces discussions, longuement étendues, prolongées et perpétuées, les Compagnies secondaires étaient lentement descendues de la détresse au dénûment et à la ruine complète. Il est non moins utile de rappeler qu'il fut possible d'obtenir de la Compagnie d'Orléans le plus libéral traitement pour les actionnaires et les obligataires des principales Compagnies intéressées et que bientôt il n'y eut plus à laisser nulle espérance aux actionnaires, tandis que les droits des obligataires étaient péniblement débattus et insuffisamment satisfaits.

Ces circonstances regrettables ne sont pas, croyons-nous, si lointaines qu'il soit nécessaire d'y insister. Faisons néanmoins observer incidemment que les opérations de ce rachat, qui ne sont pas encore complètement liquidées, permettent de soupçonner les difficultés que pourraient présenter des rachats plus étendus et plus « radicaux » s'ils venaient à être ordonnés.

Toujours est-il qu'à cette époque se manifesta l'indéniable tendance de la Chambre des Députés vers le rachat des chemins de fer. Cette tendance était énergiquement provoquée à la fois par une animadversion étrange contre les grandes Compagnies, par l'amour d'une théorie longtemps caressée sur les tarifs et le rôle de l'Etat en matière de chemins de fer, enfin, car il faut tout dire, par des intérêts départementaux, locaux, électoraux.

La fièvre du rachat condamna à la ruine les actionnaires des lignes en souffrance ; elle n'a pas même eu leur salut pour excuse.

Dès ce moment nous pressentions bien les conséquences de semblables résolutions. Nous combattions vigoureusement alors ces redoutables propensions. L'esprit de concurrence et d'antagonisme aux grandes Compagnies était à l'ordre du jour. On le sentit même, au point de vue financier, dans la création du 3 0/0 amortissable, qui montrait l'Etat s'appropriant. non sans habileté, le type, en quelque sorte réservé aux grandes Compagnies, des obligations 3 0/0 de chemins de fer, si connues, si recherchées et, qu'on ne l'oublie pas, imaginées par les puissants financiers qui organisèrent jadis ces vastes sociétés.

La création du 3 0/0 amortissable ne nous parut pas alors d'une nécessité suffisamment justifiée ; moins justifié encore était le premier objet de cette innovation, c'est-à-dire le rachat par l'Etat des lignes secondaires. Nous nous expliquâmes en ce temps, d'une façon catégorique, dans un travail spécial (1), dont l'étude présente se trouve être la suite malheureusement trop logique et trop naturelle.

La Chambre des Députés vota donc assez complaisamment le projet de rachat ; mais la chose n'alla pas tout à fait d'elle-même au Sénat ; elle y rencontra des résistances plus grandes, sérieusement motivées ; des réserves formelles furent posées ; on les retrouvera dans les comptes-rendus

---

(1) Voir notre brochure *Les grands Travaux publics*. pages 18. 19 et 21, in-8°. Guillaumin et Cᵉ, éditeurs,

officiels ; le vote définitif ne fut donné que conditionnelle-
ment, et fut à l'avance accepté comme tel par le Ministre
des Travaux publics. M. de Freycinet dut, lui-même, déclarer
que ce projet n'engageait aucun principe, ne préjugeait nul-
lement de l'avenir, que la question restait absolument entière.

M. de Freycinet était sincère. Il ne croyait pas qu'on pût
l'entraîner plus loin et le Sénat, lui de son côté, a cru que
ses réserves si catégoriques étaient suffisantes et seraient
efficaces. Tous ont été de bonne foi. Tous ont vu le danger
et ont cru l'avoir conjuré. Mais les forces auxquelles on avait
cédé n'en sont devenues que plus actives et les tendances
naguère encore retenues se sont peu à peu accusées, puis
déployées enfin sans nulle contrainte.

II

Ce que l'on avait prévu, arriva. Possesseur des lignes secondaires, l'Etat s'en trouva fort embarrassé. Il comprit qu'il
ne suffit pas de racheter des lignes et de les exploiter soi-
même, tout État que l'on soit, pour les faire prospérer. Le
Ministre fit ce qu'avaient fait les administrateurs des Compagnies rachetées : il chercha des débouchés à son réseau.
des têtes de lignes et dès le début de l'année 1879, alors que
M. Dufaure présidait encore le cabinet, il annonça son intention arrêtée de former un **réseau d'État** *bien délimité*
en ayant soin de déclarer qu'il s'agissait là d'une *expérience*
qui pourrait être le *point de départ* de diverses réformes.

On était déjà bien loin, on le voit, des réserves formulées par le Sénat. On se proposait de constituer un réseau d'Etat bien complet, bien homogène, bien pourvu de tous les éléments désirables. Cela fait, on ne devait pas se contenter de si peu ; la satisfaction d'avoir un réseau à exploiter ne paraissait même plus suffisante : ce ne devait être qu'un point de départ, qu'un commencement et non une fin, ainsi que nous le faisions dès lors remarquer.

Comment M. de Freycinet constituait-il ce réseau ? Son projet, bien distancé aujourd'hui, est bon à rappeler :

On rachetait la ligne de Paris à Limours, afin d'avoir un libre accès et une gare indépendante à Paris.

Par des constructions nouvelles et divers rachats on poussait d'une part jusqu'au Mans ; de l'autre, jusqu'à Saumur.

On absorbait, de Saumur à Nantes et Saint-Nazaire, tout ce qui appartenait à la ligne d'Orléans.

Entre cette ligne et la grande ligne de Bordeaux, on prenait les lignes de Nantes à la Roche-sur-Yon, d'Angers à Niort, de la Rochelle à Poitiers.

Au Sud on gagnait Bordeaux.

Au Nord on poussait jusqu'à Landerneau.

Grâce à toutes ces additions, on croyait tirer un excellent parti des lignes secondaires rachetées et former un réseau complet sur lequel aurait lieu l'expérience décisive qui attesterait les bienfaits de l'exploitation par l'Etat et démontrerait sans conteste la nécessité d'un rachat général.

Il n'y avait plus d'illusion à garder. Les tendances, les

intentions se traduisaient et s'affirmaient par un fait matériel d'une évidente signification.

En abandonnant à l'État les lignes et les sections énumé-
rées plus haut, la Compagnie d'Orléans se chargeait de
3000 kilomètres nouveaux dont l'État devait exécuter les
travaux d'infra-structure et de superstructure.

Ce projet ne fut pas déposé. Deux conventions conclues
provisoirement avec les Compagnies du Nord et de l'Ouest
ayant été mal accueillies par la Chambre, le Ministre des Travaux publics comprit sans doute qu'il n'avait pas suffisamment cédé aux entraînements irréfléchis des adversaires des
Grandes Compagnies et que son projet serait repoussé
comme trop timide. Peut-être s'était-il cru hardi en ten-
tant, en dépit des réserves naguère formulées, un pas décisif
dans la voie du rachat. Il dut comprendre alors, non sans
regret vraisemblablement, qu'il n'était pas allé assez loin.

On se décida à aller plus loin encore.

De nouvelles négociations furent ouvertes avec la Compagnie d'Orléans en vue d'une combinaison plus ample et qui
offrît quelque chance sérieuse de satisfaire une commission
et une majorité également exigeantes.

Remarquons en passant combien est curieux ce spectacle
des assauts successifs livrés à une grande Compagnie qui,
menacée de démembrement ou d'éviction, n'en continue pas
moins à accueillir, avec complaisance et courtoisie, les me-
naçantes propositions de l'État.

En remplaçant au ministère des Travaux Publics M. de
Freycinet, porté à la Présidence du Conseil, M. Varroy a

pleinement accepté la succession de son éminent prédécesseur. Il en poursuit le programme dans le même esprit, avec
le même zèle, et disons-le, aussi avec la même modération,
Car il est juste de remarquer que, tout entraînés qu'aient
été ces deux ministres, ils ne l'ont été qu'à leur corps dé-
défendant. Sans doute ils savent bien où ils vont, mais il est
évident qu'ils n'y vont que poussés et presque contraints.
Ils ne se soucient pas d'accepter la responsabilité des idées
et des tendances des partisans trop ardents du rachat.

M. de Freycinet semble avoir tenu lui-même à laisser au
Parlement l'initiative de la transformation du régime des
chemins de fer, lorsque dans son discours du 29 mars 1879,
il invita la chambre à hâter l'étude de la question :

« Le Parlement, disait-il, ne peut pas rester toujours en
présence d'une question qui passionne périodiquement ses
débats sans jamais lui donner une solution ; il ne peut
pas rester indéfiniment devant ses ministres dans la position du sphynx antique semblant dire à chacun d'eux :
« Devines si tu peux et choisis si tu l'oses. »

« Il faut que vous disiez ici ce que vous voulez en matière
d'exploitation des Chemins de fer ; il faut vous prononcer. »

Ce langage parait avoir quelque peu embarrassé la commission. Elle eût certainement préféré que les mesures
graves fussent proposées par le ministre et non réclamées
par elle ; et cette préférence se fait jour dans le rapport déposé par l'honorable M. Baïhaut à la tribune dans la séance
du 20 mars dernier. (1).

____

(1) *Journal Officiel* des 17 et 18 mai 1880. Rapport de M. Baïhaut :
Préambule.

Comme son prédécesseur, M. Varroy, s'arrêta à un moyen terme. Il remania le projet non déposé par M. de Freycinet, et les négociations engagées de nouveau avec la Compagnie d'Orléans aboutirent à une convention qui constitue le projet actuellement soumis aux Chambres et sur laquelle la Commission dite des *trente trois* (1) vient de donner son avis.

Ce projet se rapproche beaucoup de celui de M. de Freycinet en ce qui concerne la constitution du réseau d'État ; il s'en distingue surtout par une démarcation plus tranchée entre ce réseau et ce qui restera du réseau de la Compagnie d'Orléans.

Au réseau d'État actuel viendraient s'ajouter toutes les lignes ou sections situées à l'Ouest de la grande artère de Paris-Orléans-Tours-Bordeaux, y compris la ligne de Paris à Limours, avec gare indépendante à Paris.

L'État complèterait au sud ce réseau par la construction d'une ligne de Cavignac à Bordeaux, jadis demandée par la Compagnie des Charentes, avec gare spéciale à Bordeaux.

Quant à la Compagnie d'Orléans qui perdrait ainsi 1557 kilomètres, elle serait chargée de l'exploitation des lignes

---

(1) Cette commission des *trente-trois* ne compte plus que trente-deux membres, M. Wilson, ayant été nommé sous-secrétaire d'État au ministère des Finances. Elle est ainsi composée : M. Lebaudy, président, M. Allain-Targé, vice-président, MM. Baïhaut, Hérault, de la Porte, Audiffred, Bienvenu, Binachon, Bosc, Buyat, Cantagrel, Chavoix, Jean David, Devès, Dréo, Genty, Latrade, Labuze, Le Faure, Loustalot, Maunoury, Ménard-Dorian, Mercier, Mir, Papon, Peulevey, Récipon, Ribot, Rouvier, Tassin, Trarieux, Richard Waddington.

nouvelles situées à l'est de sa grande ligne de Bordeaux, exploitation qui s'effectuerait dans des conditions semblables à celles qui ont été fixées pour la ligne de Sédan à Lérouville.

C'est, en somme, d'une part un groupement plus compact du réseau de l'État, d'autre part un simple traité d'exploitation pour les chemins nouveaux dont l'État conserve l'entière propriété.

La Commission a repoussé ce projet ; elle l'a trouvé encore trop timide, trop restreint ; elle ne pense pas qu'il engage suffisamment l'avenir ; il ne trouble pas assez profondément le concert des Grandes Compagnies. Il faut que l'une d'elles au moins disparaisse et que ce coup décisif prépare tous les esprits à l'absorption générale des Chemins de fer, par l'État. Et la Commission a formulée ses vœux dans le projet de résolution suivant :

« La Chambre des Députés invite M. le ministre des Travaux Publics à lui présenter un projet de loi ayant pour objet **le rachat et l'exploitation** des lignes de chemins de fer formant la concession de la Compagnie d'Orléans. »

Cette proposition est bien claire : il s'agit d'abord du *rachat* total de la Compagnie d'Orléans, et non pas seulement de ce rachat, mais aussi de l'*exploitation*.

Voici donc par quelles phases la question des Chemins de fer a passé depuis trois années :

1º Projet de rétrocession des lignes secondaires aux Grandes Compagnies ;

2º Rachat et exploitation par l'État des lignes secondaires;

3º Premier projet d'un réseau d'État complet, conçu par M. de Freycinet;

4º Deuxième projet de réseau d'État préparé par M. Varroy;

5º Projet de la commission : Rachat et exploitation par l'État du réseau entier de la Compagnie d'Orléans.

Sur quelles bases reposent les considérations qui ont entraîné la décision de la commission et quelle est la gravité et la solidité des arguments qui l'ont convaincue ; c'est ce qu'il convient d'examiner, maintenant que nous connaissons bien la genèse, le développement et la position actuelle de la question.

CHAPITRE II

L'ÉTAT & LES GRANDES COMPAGNIES

I.

« Un outil rend plus ou moins de services suivant la façon dont il est manié. »

C'est par cet aphorisme que débute le rapport de l'honorable M. Baïhaut sur le projet de M. Varroy. Cette maxime est judicieuse mais incomplète. Il ne suffit pas, pour que l'outil rende tous les services auxquels il est propre, qu'il soit manié de telle ou telle façon, dans tel ou tel sens, avec telle ou telle intention ; il faut encore que la main qui le manie soit habile, expérimentée, faite à lui, et sache, par sa souplesse, sa délicatesse ou sa force, en obtenir tous les effets qu'il peut donner.

Or, ici, l'outil c'est le Chemin de fer. La main qui le manie depuis plus de vingt-cinq ans est celle des Grandes Compagnies. Ce qu'il s'agit de démontrer, c'est que ce puissant outil sera plus habilement et plus heureusement manié dans l'intérêt de tous, par l'État, dont la main est déjà si remplie d'autres outils qui ne rendent peut-être pas tous les services désirables.

A priori, il paraît déjà bien difficile de persuader à tous les esprits sérieux que l'État, si peu rompu à ce métier d'industriel et d'entrepreneur de transports, y soit plus habile que les administrateurs connus, éprouvés, vieillis dans les affaires, qui dirigent nos six Grandes Compagnies.

Il serait non moins imprudent d'affirmer que l'État, tel qu'il est actuellement constitué, avec son Parlement périodiquement renouvelable et ses ministres sans cesse renouvelés, offre les garanties de stabilité que donnent à l'industrie, au commerce, au public, les Conseils d'administration et les directions des Grandes Compagnies.

Le grief le plus grave et auquel on s'attache le plus énergiquement, est celui-ci : l'outil serait manié au profit d'intérêts privés au détriment de tous autres intérêts. C'est la grosse question des tarifs.

Les Grandes Compagnies, prétend-on, refusent de modifier leurs tarifs afin de n'avoir point à réduire le dividende de leurs actionnaires. Or cette affirmation ainsi formulée est inexacte. Les Compagnies ne se sont jamais refusées en principe à réduire leurs tarifs dans la mesure du possible ; elles ont souvent été au devant des demandes des intéressés ; actuellement même elles recherchent avec la plus sérieuse attention les simplifications qui peuvent être introduites dans les relations de tarifs qu'elles ont entre elles.

Sans doute ces tarifs ne sont pas la perfection même, sans doute ils pourront, ils devront subir des remaniements et des modifications successives. Croit-on que les Grandes Compagnies l'ignorent ? Pense-t-on que les hommes éminents qui les dirigent, qui les administrent, dont quelques-uns sont illustres et qui tous sont très-compétents, les Rothschild, les Péreire, les Bartholony, les Say, ne sachent pas que souvent une réduction opportune des taxes détermine une augmentation des produits ? On ne saurait admettre que les Compagnies repoussent les réclamations fondées de l'industrie et du commerce dans le but unique de soulever contre elle de redoutables animosités.

Exige-t-on qu'elles se rendent à toutes les exigences : qu'elles satisfassent à la fois toutes les industries ?

Mais ne voit-on pas ce qui s'est passé récemment dans la discussion des tarifs de douane ? Certaines industries qui réclamaient une protection pour elles-mêmes ne la repoussaient-elles pas pour leurs voisines, et celles-ci n'agissaient-elles pas de la même façon envers d'autres ? Toutes les enquêtes économiques, tous les travaux des commissions et des sous-commissions, aussi bien que les débats parlementaires ne nous ont-ils pas offert ce spectacle ?

D'ailleurs les Grandes Compagnies ont, de concert, fait à cet égard au ministre des Travaux publics la déclaration la plus catégorique : elles sont prêtes à réviser tels d'entre leurs tarifs qui ne se trouveraient pas en harmonie avec la loi générale de douane.

On feint de croire que l'État, c'est-à-dire le ministre des

Travaux publics soit absolument désarmé contre les préten-
tions et l'opiniâtreté des Grandes Compagnies. On sait et il
est démontré, c'est une vérité que des ministres eux-mêmes
ont portée à la tribune, que l'État a des moyens de contrôle
et d'action très réels et très efficaces sur les Compagnies.

Si des abus se glissaient dans ces administrations, si des
inégalités choquantes et des pratiques blâmables s'y per-
pétuaient, que ne rappelait-on l'État, que ne rappelait-on les
divers ministres qui se succédaient, à l'exercice de leur droit
de contrôle et de leur autorité ? Dans cet ordre d'idées et
dans cette mesure, le concours du parlement pouvait être
pour le ministère un point d'appui très solide dans les re-
vendications éventuelles qu'il pouvait avoir à porter auprès
des Compagnies.

On dit bien haut ce que l'on voudrait exiger des Grandes
Compagnies, mais on ne dit rien de ce qu'elles ont déjà fait ;
on ne parle point des réductions successivement effectuées.
Si elles n'avaient absolument d'autre souci, que de percevoir
les taxes les plus élevées, comment se fait-il qu'elles n'aient
pas profité de certaines circonstances plus ou moins favo-
rables pour pratiquer de nombreux relèvements de tarifs ?
Or, il a été officiellement constaté, par le ministère des Travaux publics même, qu'à *cent taxes réduites correspond à
peine une taxe relevée.*

Que d'appréciations sciemment ou involontairement er-
ronées n'a-t-on pas émises sur certains tarifs ! N'a-t-on pas
affirmé récemment à propos des tarifs internationaux, que
les Grandes Compagnies ne répugnaient pas, pour grossir
leurs bénéfices, à favoriser l'introduction des marchandises

étrangères au détriment de la production nationale. Or, il est étrange d'entendre, à la veille d'une discussion solennelle sur la situation de notre marine marchande, reprocher aux Grandes Compagnies d'attirer dans les ports français la plus grande quantité possible de marchandises étrangères, de marchandises destinées à traverser notre territoire et à être transportées dans les divers pays étrangers. Tous les esprits non prévenus et initiés aux véritables intérêts de nos villes maritimes seront unanimes à cet égard.

Les Grandes Compagnies, nous le répétons, ne sauraient, ne pourraient se refuser longtemps à donner satisfaction à des exigences légitimes. Elles se sont au contraire montrées disposées à effectuer les abaissements de tarifs dont la nécessité paraîtrait justifiée.

Mais ce ne sont pas précisément et uniquement des modifications de tarifs qu'on a voulu obtenir d'elles, mais, ce qui est bien différent et autrement grave, l'abandon pur et simple du droit de tarification qui devait passer tout entier entre les mains du ministre des Travaux publics. Or, renoncer à ce droit, c'est abandonner tous les avantages du contrat primitif pour n'en conserver que les charges. Personne sans doute ne s'est abusé sur l'accueil que devait recevoir une telle proposition et nul n'a dû s'étonner d'un refus qu'on avait peut-être désiré.

Il est d'ailleurs à remarquer que les adversaires des Grandes Compagnies ne se sont pas attachés à faire ressortir d'une manière frappante ce que ces tarifs avaient d'excessif, de réellement tyrannique et odieux ; ils n'ont produit que des allégations vagues ne reposant sur aucun fait précis et que ne justifient même pas, ainsi que nous le verrons plus loin, la comparaison des tarifs français avec la plupart des tarifs étrangers.

Les griefs fournis par la question des trafics sont les plus graves, les plus spécieux, ceux qui sans doute ont paru les plus propres à émouvoir l'opinion. Ils ont un caractère général. Il en est d'autres qui tiennent une grande place dans le rapport de la Commission et dont le caractère est en quelque sorte local, dont la considération a peut-être été plus décisive, mais qui portent sur un ensemble de faits beaucoup moins étendu. Ce sont ceux tirés de l'antagonisme industriel qui se serait élevé entre la Compagnie d'Orléans et le nouveau propriétaire des lignes secondaires, c'est-à-dire l'Etat.

II

Ici, le débat se restreint ; il semble qu'il n'y ait plus en cause que la seule Compagnie d'Orléans. Mais on ne tardera pas à s'apercevoir qu'en cette affaire toutes les Compagnies sont solidaires et que toutes sont également menacées.

L'Etat, au dire de la Commission, serait l'innocente et déplorable victime de la Compagnie d'Orléans. Celle-ci, abusant de sa force et de la faiblesse de son malheureux voisin, acheteur des lignes secondaires, aurait exercé envers lui la plus déloyale des concurrences, lui dérobant son trafic, lui absorbant ses transports, poussant la perfidie jusqu'à ne point faire concorder tous ses trains avec ceux de l'Etat.

Ces allégations ne sont pas nouvelles. Lorsque autrefois les Compagnies secondaires languissaient, n'était-ce pas déjà la Grande Compagnie qu'on accusait? On ne se demandait pas s'il y avait eu des concessions imprudentes, si certaines entreprises s'étaient témérairement fondées ; on ne se préoccupait pas non plus de savoir s'il était possible de porter remède aux maux dont souffraient certaines lignes, de leur infuser un peu plus de sang et de vitalité, de leur donner ce qui leur manquait, ce qu'elles réclamaient en vain. Non, on les regardait s'affaiblir, se débattre, périr et l'on accusait la Grande Compagnie : c'était d'elle que venait tout le mal ; c'était sa ruineuse concurrence *per fas et nefas* qui réduisait à la famine les malheureuses lignes secondaires. Elle étreignait et étouffait dans son double réseau, comme entre deux bras immenses, les pauvres Compagnies qui étaient venues s'y installer en toute confiance.

On ne disait pas alors, et l'on feignait d'oublier que plusieurs de ces lignes, un assez grand nombre même, ne s'étaient créées qu'en vue de la concurrence qu'elles pourraient faire aux Grandes Compagnies ; que le trafic qu'elles pourraient enlever à ces dernières entrait pour beaucoup dans leurs prévisions ; qu'en un mot elles avaient été faites *contre* les Grandes Compagnies. Et nous avons dit plus haut qu'on en pourrait citer qui ne furent établies que dans l'unique espérance d'un rachat plus ou moins prochain par leurs puissantes voisines. Il en fut pour lesquelles la grosse affaire n'était pas de vivre, mais de vivre assez longtemps pour être rachetées, fusionnées, absorbées.

Pendant près de dix ans, de 1865 à 1874, on ne rêva que lignes de concurrence, lignes parallèles destinées à enlever aux grands réseaux déjà existants leur trafic général et local, leur transit même. Telle était, à cette époque, l'arme de combat des adversaires des Grandes Compagnies.

Depuis 1875, on a changé de tactique : ce sont les Grandes Compagnies qui, par d'odieux procédés de concurrence, ont tué toutes les autres : les Charentes, la Vendée, Bressuire à Poitiers, Orléans à Rouen, Orléans à Châlons, etc., etc., etc.

Aujourd'hui c'est l'Etat, l'Etat lui-même, qui est non pas menacé, mais atteint, mais cruellement persécuté. Et, pour le démontrer, M. Baïhaut, rapporteur de la Commission, consacre à cette thèse la plus large part de son rapport.

Peut-être eut-il été sage d'examiner tout d'abord les éléments d'exploitation {des lignes rachetées ; on eût sans doute reconnu que la Compagnie d'Orléans, quelque âpreté qu'elle ait pu mettre à détourner la matière transportable, n'a pu cependant détourner un trafic qui n'existera réellement d'une manière profitable que dans quelques années. Elle ne peut dérober à ces jeunes réseaux ce qui n'existe pas encore, ce que le temps seul développera, multipliera.

Tous les hommes compétents n'ont-ils pas averti l'Etat, avant que les lignes secondaires éparses, sans lien, sur toute l'étendue du territoire ne fussent rachetées par lui, qu'il allait faire une mauvaise affaire ? Les lignes nouvelles concédées aux Grandes Compagnies ne sont-elles pas, pour la plupart, et pendant un temps souvent fort long, très onéreuses avant d'être productives ? L'important est de pouvoir attendre, de pouvoir faire des sacrifices considérables et prolongés ; c'est ce qu'ont fait partout les Grandes Compagnies, et c'est, en somme, grâce à elles, grâce à leur solidité, à leur crédit, grâce aux sacrifices volontaires qu'elles ont faits en faveur des lignes nouvelles dont elles prenaient charge, que l'exécution de ces lignes a été assurée.

Cette accusation de détournement de trafic et de concurrence est d'ailleurs sans corps et absolument vague. C'est en vain que les chiffres s'accumulent dans le rapport de M. Baïhaut ; nulle part nous n'y trouvons une évaluation, une estimation, si large, si approximative qu'elle puisse être, du prétendu dommage que, par de déloyales pratiques, la Compagnie d'Orléans aurait pu causer au réseau de l'Etat.

Or, voici l'argument capital de la Commission : le projet de M. Varroy, c'est-à-dire le groupement qui résulterait du rachat d'une partie du réseau d'Orléans à laquelle se rattacherait le réseau actuel de l'Etat ne mettrait point ce dernier à l'abri de la concurrence de la Compagnie. Il n'y a qu'un moyen efficace de braver toute concurrence avec succès ; ce moyen, bien simple, on l'a deviné : c'est de n'avoir point de concurrents. Et l'on conclut naturellement à l'éviction de la Compagnie d'Orléans, c'est-à-dire au rachat total de son réseau.

N'est-ce pas avouer que, nulle part, en matière de chemins de fer, l'Etat ne pourra souffrir aucun voisinage ? La

voilà, la pente, la pente glissante, qui précipite invinciblement au rachat général à brève échéance.

Le rapport de la Commission en contient une preuve ma-
nifeste.

La Compagnie d'Orléans a proposé à l'Etat, afin d'écarter
toute cause de différends, d'entrer dans le concert des
Grandes Compagnies en pratiquant les règles qu'elles ont
fixées d'un commun accord afin d'éviter toute concurrence
entre elles. Ces règles sont la loi des Compagnies ; rien de
plus simple, rien de plus équitable pour l'Etat, intervenant
en qualité de septième contractant, que d'adopter les conditions de ces rapports réciproques.

Or, parmi ces règles, il en est une ainsi formulée :

« Chaque Compagnie dispose librement des transports
qu'elle peut effectuer par ses rails sans emprunter ceux
d'une autre Compagnie. »

Rien de plus juste et de plus naturel.

Eh bien, cette règle acceptée et observée par les six Grandes Compagnies, la Commission la repousse ; elle livrerait,
assure-t-elle, le réseau de l'Etat tel que M. Varroy veut le
constituer, à la concurrence de la Compagnie d'Orléans. Ce
spectre de la concurrence est véritablement effrayant.

Mais supposons le problème résolu dans le sens de la
Commission. Supposons le réseau de la Compagnie d'Orléans intégralement racheté. C'est l'Etat qui en est possesseur. Vraisemblablement l'Etat a des voisins.

Il a, à sa gauche, la Compagnie de l'Ouest ; à sa droite,
celle de Lyon ; derrière lui, la Compagnie du Midi. Il les
touche, se rattache et se relie à elles par une foule d'em-

branchements ; il aura avec elles des relations industrielles et commerciales de tous les instants. Comment va-t-il agir ? Appliquera-t-il la règle qu'elles pratiquent et que nous venons de citer plus haut ? Non, répondra la Commission, car il serait livré à la concurrence. En ce cas ce sera donc lui qui fera concurrence aux Grandes Compagnies auxquelles il a assuré une garantie d'intérêt ; il se fera concurrence à lui-même !

Et s'il l'observe, cette règle, la Commission, logique avec elle-même, ne viendra-t-elle pas lui démontrer la nécessité de briser la concurrence de la Compagnie de l'Ouest et celle de la Compagnie de Lyon ? De proche en proche, l'Etat aura bientôt tout absorbé, tout dévoré, et l'œuvre préméditée du rachat général sera accomplie.

Le rachat des lignes en détresse, c'était le doigt dans l'engrenage ; avec les projets de rachat partiel c'est la main et le bras qui y entraient ; avec le rachat total d'une grande Compagnie, la moitié du corps est engagée : le corps tout entier y passera.

On peut, d'après les explications que nous venons de donner, juger de la réalité des griefs les plus graves portés contre les Grandes Compagnies. Ce sont ceux qui se trouvaient tout de suite à portée et que l'on avait immédiatement sous la main. On a cherché des arguments beaucoup plus loin : dans les exemples fournis par l'étranger et les expériences qu'ont tentées les nations voisines. Ces arguments ont-ils une plus grande valeur ? C'est ce qu'il convient d'examiner.

CHAPITRE III

L'ÉTAT & LES CHEMINS DE FER ÉTRANGERS

Dans le rapport présenté au nom de la Commission dite
« des trente-trois », l'honorable M. Baïhaut, a incidemment
invoqué l'exemple des pays voisins ; il l'a fait en ces termes :

« Au point de vue des relations commerciales, au point
de vue des *nécessités militaires*, au point de vue de l'*existence politique* elle-même, ce mot étant pris dans son sens
le plus large et le plus élevé, les chemins de fer sont deve-
nus l'instrument indispensable de la richesse, de la sécu-
rité, de la grandeur d'un pays. — Les principaux Etats,
voyant là une conséquence forcée des dernières transformations sociales et économiques, saisissent d'une main ferme
cet outil national. — La France restera-t-elle en arrière

malgré de rudes avertissements ? Ne sera-t-elle pas entraî-née à son tour dans ce mouvement européen ? »

Il y a dans ces quelques lignes que nous avons tenu à citer intégralement bien des affirmations accumulées. Sont-elles exactes ?

Est-il vrai que les *principaux* Etats aient vu dans le rachat de leurs chemins la conséquence *forcée* des dernières transformations économiques et sociales ?

Est-il vrai qu'ils aient saisi, d'une main aussi ferme qu'on le prétend, cet « outil » national ?

Est-il vrai qu'en matière de chemins de fer la France ait reçu de l'étranger des avertissements *rudes* et n'est-ce pas précisément le contraire qui serait vrai ?

Enfin est-on bien sûr que la tendance vers le rachat ait été un *mouvement européen ?*

Dans un rapide examen de la situation des chemins de fer à l'étranger, ce seront les faits qui répondront à ces diverses questions sans que nous ayons la peine d'y insister. Et nous nous servirons pour cette étude des renseignements mêmes recueillis, exposés et interprétés par l'honorable M. Lebaudy, président de la Commission des chemins de fer, qui semble s'être réservé la tâche de démontrer l'excellence des exemples de rachat donnés par l'Etat dans les pays étrangers et la nécessité de les imiter.

Pour nous engager au rachat général et à l'exploitation de nos chemins de fer par l'Etat peut-être eût-il été nécessaire de nous offrir pour modèle un Etat voisin possédant et exploitant par lui-même sur son territoire un réseau total mesurant une étendue de plus de 25,000 kilomètres, tel que se trouve être le réseau français exploité actuellement par les six Grandes Compagnies.

Or ce modèle est introuvable. Parmi tous les pays qui nous entourent, non-seulement il n'en est aucun où l'Etat possède et exploite un réseau de cette importance ; mais il n'en est même aucun qui possède et exploite lui-même intégralement son réseau national, si réduit qu'il soit. Cet exemple qui serait vraiment le seul concluant, le seul digne d'être proposé s'il était heureux, cet exemple n'existe ni en Angleterre, ni en Belgique, ni en Allemagne, ni en Suisse, ni en Autriche-Hongrie, ni en Italie, ni en Espagne.

II

En Angleterre, la liberté des chemins de fer est complète, sous la réserve de l'observation des lois qui en règlementent l'exercice. Toutes les Compagnies sont des Compagnies privées qui ne se rattachent à l'Etat par aucun lien. Elles fonctionnent d'une façon indépendante, agissant, à leurs risques et périls, dans le droit commun, réussissant ou s'écroulant, responsables vis-à-vis du public seul des dommages qu'elles peuvent causer, assujetties seulement à quelques prescriptions légales d'intérêt général qui d'ailleurs reçoivent peu d'applications dans la pratique.

Elles n'attendent rien de l'Etat et ne lui doivent rien. Mais il est indispensable de savoir que leurs concessions sont perpétuelles et non pas temporaires comme sont celles de nos Compagnies.

L'historique de l'industrie des chemins de fer fournit aux partisans du rachat en France un singulier enseignement. Dans ce pays de libre concurrence, la violence même de la lutte entre Compagnies adverses a déterminé une situation presque identique à celle qui est née chez nous d'un ensemble de circonstances toutes différentes. Les Compagnies se sont groupées ; il y a eu une énergique concentration des forces éparses ; si bien qu'aujourd'hui les lignes anglaises sont possédées et exploitées à la fois ou exploitées seulement par un nombre relativement restreint de Compagnies importantes. Au prix de quelles ruines ce travail de fusion, d'association et d'entente s'est-il fait ? Il serait difficile de le dire. Mais ce qui est vrai, c'est que ce travail s'est accompli de lui-même et a abouti naturellement à une organisation à peu près semblable à la nôtre.

A ce point de vue nous n'avons rien à envier à l'Angleterre. Ses compagnies effectuent le service des marchandises dans des conditions analogues à celles que réunissent nos Compagnies et rendent les mêmes services de camionnage et de transport à domicile.

Elles ne produisent qu'environ 4,35 0/0 des capitaux réalisés, bien que la proportion des dépenses d'exploitation aux recettes ne soit que de 53 0/0.

Et l'honorable Président de la Commission des trente-trois convient que « les tarifs des chemins de fer anglais sont généralement élevés et en particulier plus élevés qu'en France. »

Tel est le spectacle instructif qui nous est offert par le pays le plus libre du monde, le plus actif, le plus ardent aux affaires celui dont la puissance productive est la plus considérable et dont la richesse commerciale et industrielle est universellement proverbiale.

III

Peut-être s'est-on proposé pour idéal le régime belge.

Il est, tout d'abord, indispensable de faire remarquer, ce qui a, dans l'espèce, une extrême importance, que le réseau de l'État belge, lignes possédées et exploitées par lui ou possédées par les Compagnies et seulement exploitées par lui, dépasse à peine 2,000 kilomètres ; mais soyons strictement exact : l'État belge exploite, qu'il les possède ou non, 2,155 kilomètres de chemins de fer.

Peut-on de bonne foi comparer ce modeste réseau aux 25,000 ou 30,000 kilomètres dont on veut en France charger l'Etat ? Et faut-il ajouter que le réseau belge tout entier, Etat et Compagnies réunis ne mesure pas actuellement 4,000 kilomètres et reste bien au-dessous de ce chiffre ? Pris dans son ensemble il est de beaucoup inférieur à celui de la seule Compagnie d'Orléans que, pour *essayer*, on propose de racheter tout d'abord.

Croit-on qu'il soit possible d'appliquer à un réseau de 30,000 kilomètres des règles identiques à celles qu'on peut appliquer sur un réseau d'État de 2,000 kilomètres ? Croit-on que d'immenses parcours tels que ceux de Paris à Bordeaux ou de Paris à Marseille ne réclament pas d'autres soins, de plus puissants moyens d'action, un autre déploiement de forces et d'autres accumulations de matériel et de provisions que les modestes sections du petit réseau d'État Belge ?

Or, ce réseau d'Etat s'est il constitué sous l'empire d'une grande idée de concentration, d'un plan suivi d'ensemble, d'un principe élevé d'organisation ? En aucune façon. A l'origine, l'État a construit certaines lignes pour que des étrangers ne les construisissent pas ; plus tard il en a absorbé d'autres parce qu'elles faisaient concurrence aux siennes ; plus récemment enfin il a racheté le réseau luxembourgeois par crainte de le voir devenir ou français ou allemand.

La grande doctrine, si hautement professée aujourd'hui, de la possession et de l'exploitation des chemins de fer par l'État n'a été pour rien dans la constitution du réseau d'État Belge.

L'État belge du moins exploite-t-il à des conditions moins onéreuses que les Compagnies privées ? En aucune façon. Voici, d'après le tableau présenté par M. Lebaudy dans son rapport, d'ailleurs si substantiel et si étudié, les résultats comparatifs de l'exploitation par l'État et par l'industrie libre. Sur le réseau d'État belge la proportion des dépenses d'exploitation aux recettes brutes était de 63,39 0/0 tandis qu'elle n'était pour diverses Compagnies que de 59,93 0/0 et pour le Nord belge de 55,99 seulement.

On a, il est vrai, procédé sur le réseau de l'État belge, à

d'importantes réductions de taxes. Mais il a fallu, à partir du 1er Janvier 1880, effectuer un relèvement de tarif de 5 0/0 sur les voyageurs. Le nombre des voyageurs s'accroissait cependant ; mais comment, suivant un raisonnement vulgaire, comment en perdant sur chacun, se fût-on rattrappé sur la quantité ? Quant aux marchandises dont le prix de transport est relativement bas, il ne faut pas oublier, ainsi que l'a fait justement observer M. Jacqmin (1), dont l'autorité en cette matière est si grande, il ne faut pas oublier qu'en Belgique surtout, les transports de houilles et de minerais ont une importance considérable et que leur bas prix exerce sur la moyenne générale une influence des plus notables.

Et nous avons montré quelles lourdes charges pour l'État correspondaient à ces réductions de taxe.

IV

En Hollande, on trouve des Compagnies concessionnaires et un réseau d'État affermé à des Sociétés qui exploitent et fournissent le matériel roulant.

L'État a sur les Compagnies libres un droit de contrôle qui, on l'avouera, n'a rien de bien tyrannique. Il peut exiger l'abaissement de certains tarifs à la charge par lui d'indemniser la Compagnie de la perte qui en résulterait, dans le

____

(1) *Etude sur l'exploitation des Chemins de fer par l'État*, par M. F. Jacqmin, Directeur de la Compagnie des chemins de fer de l'Est, p. 76.

cas où les bénéfices de l'exploitation ne dépasseraient pas 8 0/0. Il résulte du rapport de M. Lebaudy que l'État n'a pas usé de ce droit.

Nous n'insisterons pas sur les résultats que le Gouvernement hollandais a obtenus de son réseau d'État exploité par des Compagnies fermières. L'honorable M. Christophle qui jadis a fouillé profondément cette grave question des chemins de fer a tenu à aller étudier sur place la situation du réseau hollandais. Il a épuisé ce sujet qu'il a traité avec une conscience et une sincérité entières. On trouvera à cet égard, dans le *Journal Officiel* du 19 janvier 1877, une note très explicite qui n'est pas de nature à faire goûter en France le régime pratiqué dans les Pays-Bas.

En Suisse, pas de réseau d'État. Rien que des Compagnies libres qui, sur certains points, ont tellement usé et abusé de la concurrence que la plupart d'entre elles sont dans une situation fort précaire. Signalons cependant des tentatives de fusion et de groupement qui, si elles réussissent, sauveront sans doute les principales entreprises.

En Autriche-Hongrie, le régime des chemins de fer revêt toutes les formes et se prête à toutes les combinaisons possibles. Il n'y a jamais eu à Vienne de plan arrêté pour la constitution d'un vaste réseau d'État.

L'État possède certaines lignes et les exploite ; il en possède d'autres et les fait exploiter ; il en a mis d'autres encore sous séquestre qui sont administrées soit par lui, soit par des sociétés ; enfin il en a vendu, qui étaient à lui et qu'il veut racheter. Il n'y a donc pas en Autriche de principe arrêté ni de système d'ensemble.

Il n'en est pas tout à fait de même en Hongrie où la constitution d'un réseau d'État a été intentionnellement poursuivie. Mais ce serait une grave erreur de croire que ce sont les avantages douteux que présente l'exploitation par l'État qui ont tenté les Hongrois. Ils n'ont cédé qu'aux suggestions de leur énergique et persistant esprit d'autonomie. Pour mieux trancher la distinction entre leur royaume et les autres parties de l'empire, ils tiennent à avoir leur réseau national. Il n'y a de ce fait, purement politique, rien à déduire en faveur des idées préconisées en France.

Nous n'aurions que peu de mots à dire de l'Espagne dont toutes les lignes sont des lignes concédées, s'il ne s'y accomplissait depuis quelques années un mouvement extrèmement favorable au régime de ses chemins de fer. Il s'y produit en effet ce qui s'est produit en France dans les premières années de l'empire, ce que l'excès de la concurrence a rendu nécessaire en Angleterre et aux États-Unis : la fusion des lignes par région ; le groupement logique et naturel des réseaux voisins les uns des autres. C'est là un signe très heureux que nous signalons incidemment. D'agitation pour le rachat par l'État, pas ombre, pas un soupçon.

Faut-il parler de l'Italie ? Oui sans doute. Mais ce n'est pas là assurément que les partisans du rachat pourront aller puiser des arguments sérieux et honorables. C'est là sans doute qu'on peut apprendre comment il faut procéder

pour racheter une ligne à vil prix après l'avoir lentement et
consciencieusement ruinée. C'est là qu'on peut apprendre
dans quelle mesure il convient de respecter les intérêts et
les capitaux des actionnaires et des obligataires. C'est là
qu'on étudiera avec fruit la situation d'un État qui, après
s'être emparé des chemins de fer, ne sait plus qu'en faire,
ni à qui les donner, ni comment les faire exploiter.
Et c'est en Italie aussi qu'en interrogeant les importantes
dépositions recueillies récemment sur la question des che
mins de fer et leur exploitation par l'État on s'édifiera
pleinement sur les dangers d'expériences semblables à celle
qu'on se dispose à tenter en France.

V

C'est à dessein que nous avons réservé l'empire d'Allemagne pour clore cette revue du régime des chemins de fer
dans tous les pays qui entourent le nôtre.

Il nous a semblé que l'on poussait un peu loin l'admira-
tion pour les projets de l'illustre chancelier fédéral et qu'il
était peut-être excessif de préconiser sans cesse une centralisation à outrance, sans doute nécessaire au prince de Bis-
marck pour consolider son œuvre, mais dont la France, dont
l'unité est depuis longtemps fondée, n'a plus rien à attendre.

Qu'après avoir, par tous les moyens en sa puissance,
cherché à souder étroitement entre eux les divers États qui
constituent actuellement l'Empire d'Allemagne, le chance-

lier s'efforce de rendre cet assemblage plus compact, les liens fédéraux indissolubles et l'unité allemande définitive ; qu'après avoir enveloppé tous les pays germaniques dans l'alliance du Zollverein d'abord, puis dans des conventions militaires étroites, enfin dans une communion politique complète, il tente de tout unifier, de tout unitariser à ce point que tant d'éléments si promptement réunis ne se disjoignent jamais, c'est affaire à lui, affaire à la Prusse, affaire aux États qui ont, de gré ou de force, accepté le pacte fédéral.

Qu'aujourd'hui le chancelier projette pour l'Allemagne une tarification générale des chemins de fer et pour la Prusse elle-même le rachat de lignes subdivisées à l'infini, ce n'est là sans doute qu'une des parties de son vaste plan d'ensemble et de son œuvre de parachèvement.

Il n'y a dans ces faits aucun enseignement profitable pour nous, aucun exemple qu'on doive nous proposer. Ce qui est opportun dans l'Empire d'Allemagne constitué d'hier ne l'est plus dans un pays dont la nationalité est fixée depuis longtemps, dans un pays dont toutes les parties sont fondues sans aucune distinction possible, dans un pays enfin qui a éprouvé à tous les degrés les bienfaits et les maux d'une centralisation qu'on a pu trouver excessive, mais qu'on doit regarder comme suffisante.

L'État fédéral et l'État prussien cherchent en eux-mêmes, pour rassembler leurs réseaux épars, les éléments d'union et de rapprochement qui, chez nous, comme en Angleterre, comme en Amérique, sont nés des faits eux-mê. et de la nature des choses.

La vérité est que, même au point de vue des avantages militaires, les Allemands ont envié l'heureuse organisation de nos lignes groupées en six réseaux compacts ayant chacun toute la puissance désirable et toute l'indépendance. toute la liberté d'action nécessaires ; leurs écrivains spéciaux se sont à cet égard prononcé d'une façon catégorique.

Ajoutons en terminant que jusqu'ici l'État n'a possédé ou exploité en Prusse que moins de 8,000 kilomètres sur un réseau total de près de 18,000 ; que sur les lignes de l'État l'exploitation a toujours été plus coûteuse que sur celles des Compagnies libres ; enfin que les tarifs sont en Allemagne (l'Alsace-Lorraine exceptée) sensiblement plus élevés qu'en France.

Il faut donc reconnaître que « ce mouvement européen » qui, dit-on, doit nous entraîner n'existe pas ; qu'aucun des pays qui nous entourent ne nous offre le spectacle émouvant des bienfaits de l'exploitation par l'État ; que nulle part il n'a été fait de ce régime une expérience assez heureuse pour que nous l'imitions ; et qu'au contraire l'exemple malheureux de plusieurs nations nous engage à renoncer à une tentative dont les conséquences sont incalculables.

CHAPITRE IV

LES CONSÉQUENCES
DU RACHAT DES CHEMINS DE FER

I

Le rachat des chemins de fer aura tout d'abord une conséquence immédiate sur laquelle le rapport de M. Lebaudy, non plus que celui de M. Baïhaut, ne laisse subsister aucun doute : c'est l'exploitation par l'État.

Le rachat et l'exploitation par l'État sont deux opérations solidaires, connexes ; et certainement la première ne serait pas effectuée si elle n'entraînait la seconde.

On ne sera pas seulement en présence de l'État propriétaire, on sera en présence de l'État entrepreneur.

Nous avons eu déjà occasion de nous élever avec énergie

contre cette intervention de l'État dans les affaires industrielles et commerciales.

Il est un mauvais industriel, un mauvais commerçant, un entrepreneur inhabile et imprévoyant, non pas parce qu'il manque d'administrateurs intelligents, d'ingénieurs habiles, de serviteurs dévoués ; mais surtout et avant tout parce qu'il est l'État.

Il est anonyme, indifférent et irresponsable. Il n'a qu'un devoir et qu'un souci : assurer les services publics et, à vrai dire, il n'en doit point avoir d'autres.

Or cette considération du service public est exclusive de toute autre pour l'État. L'État sacrifiera toujours, éternellement et partout, au service public, le *service du public*.

L'Etat transportera sans doute avec soin, empressement et habileté un canon de la fonderie au fort où sa place est marquée, mais aura-t-il la même sollicitude pour la pièce de vin de M. Paul ou de M. Pierre ?

Aura-t-il, lui, Etat, de la déférence pour ses clients, pour les expéditeurs, pour les destinataires, pour les voyageurs ? Ira-t-il prendre et porter les marchandises à domicile ? Se fera-t-il le camionneur responsable des avaries, des retards, de la vidange, de la fraude, des accidents ? Qui l'affirme ? Qui l'assure ? Et le promît-on, que l'Etat serait incapable de tenir cette promesse.

L'idéal des Etats qui possèdent des Chemins de fer c'est d'arriver à n'être que de simples tractionnaires. L'Allemagne nous offre à cet égard un exemple qui donne singulièrement à réfléchir. Traîner des wagons d'un point à un autre et laisser, pour tout le reste, le public se tirer d'affaire comme il peut avec d'avides intermédiaires ; tel est le rôle presque passif mais naturel de l'Etat.

L'Etat construit chèrement et exploite plus chèrement encore. Les expériences faites à l'étranger le démontrent surabondamment et sans nulle exception. Nous disions qu'il était de sa nature imprévoyant : est-ce-lui en effet qui profitera du bas prix de la houille pour s'en approvisionner en vue de faire de larges économies aux jours de hausse et de cherté ? Est-ce lui qui achètera des fers et des bois au moment favorable, qui cherchera et saisira les occasions heureuses ; qui attirera, appellera et au besoin ira trouver la matière transportable ? Assurément non. Il ne faut pas attendre de lui ce à quoi il est absolument impropre.

Et quelle sera la situation de l'industrie, du commerce vis à vis de l'Etat ?

Une Compagnie privée n'est rien de plus qu'un simple particulier avec lequel on traite d'égal à égal, de puissance à puissance, avec lequel on négocie, avec lequel on transige, qui transige lui-même. L'Etat n'est pas et ne sera jamais cela.

Les Compagnies sont responsables des dommages qu'elles causent, des accidents qu'elles occasionnent. Refusent-elles de les réparer, ce qui est assez rare, les personnes lésées ont recours aux tribunaux qui jugent sans faiblesse, sans indulgence et sans faveur les faits qui leur sont soumis.

Qu'adviendra-t-il des intérêts des particuliers lorsque ce sera l'Etat lui-même qui aura causé le dommage, occasionné l'accident, avarié ou détruit les choses, tué ou blessé les personnes ? A quelle juridiction s'adressera-t-on ? Et quel adversaire : l'Etat ! Plus de conciliations, plus de transactions. Des procès infinis, coûteux, douteux surtout.

Et dans les rapports quotidiens, dans les relations perpétuelles de chaque jour, quel changement ! Quelle différence on entrevoit entre cet employé de la Compagnie privée et ce même homme devenu fonctionnaire ! Que de rigueur, quel défaut de complaisance, et quel luxe de procès-verbaux !

Le fonctionnaire sera là ce qu'il est partout : c'est lui l'Etat ! Il sera exact, ponctuel, viendra à l'heure, sera enchaîné à la consigne ; mais ne donnera rien, absolument rien de plus, que ce qui lui est strictement prescrit. Il sera là pour veiller au service de l'Etat ; quant au service des voyageurs, ce sera affaire à eux.

Il est déja assez difficile d'acheter, de vendre ou de consommer quoi que ce soit sans rencontrer le fisc ; il sera bientôt impossible de parcourir un kilomètre sans rencontrer cette grosse et redoutable chose : l'Etat ! Et l'Etat, dans des pays puissamment centralisés comme le nôtre, ne passe pas, à tort ou à raison, pour être fort agréable à la rencontre.

On hésite déjà à actionner une grande Compagnie, dont la puissance en impose : que sera-ce quand pour obtenir justice il faudra actionner l'Etat ? Quel industriel, quel commerçant, n'hésitera pas à entreprendre une telle lutte ? Que deviendront donc les intérêts de l'industrie et du commerce ? Où en seront les garanties ?

II.

On dit bien, nous le savons, que le rachat et l'exploitation par l'Etat peuvent seuls permettre un large abaissement des tarifs. Nous apprécions toute l'importance que la question des taxes de transports a pour l'industrie et le commerce.

Mais, d'abord, est-on bien sûr de tenir toutes les promesses qu'on nous fait et songe-t-on bien que tant promettre à cet égard n'est pas précisément rassurant sur l'avenir des lignes rachetées?

Sans nul doute on abaissera les tarifs? Qui pourrait em- pêcher l'Etat de les fixer au taux le plus bas possible? Mais qui l'empêchera aussi de les accroître brusquement, de les relever arbitrairement? Nous avons signalé ce qui vient de se passer sur le réseau de l'Etat Belge ; un relèvement soudain sur le prix de transport des voyageurs a eu lieu. On réduit, jusqu'à ce qu'on ne réduise plus ; et, quand on ne réduit plus, on augmente.

L'exploitation des chemins de fer devient une simple matière budgétaire ; le chemin de fer va bien ou mal, il pro- duit ou ne produit pas, c'est affaire au budget, c'est affaire au contribuable et il faudra bien que celui qui ne voyage pas contribue dans la même mesure que celui qui voyage sans cesse.

C'est ici que l'indifférence de l'Etat se montrera à plein. Un jour peut-être, de budgétaire qu'elle sera devenue, l'exploitation des Chemins de fer deviendra fiscale, c'est à dire machine à impôt. Dans les crises difficiles on frappera les transports et l'on peut dire qu'il y a là, en effet, comme assiette et comme perception, une matière imposable singulièrement séduisante, singulièrement commode, partout saisissable.

Budgétaire, l'administration des chemins de fer pourra réduire ses taxes jusqu'au montant des dépenses d'exploitation, et aller plus loin encore : descendre, comme les canaux jusqu'à la gratuité ; le communisme ne préconise pas d'autre solution.

Fiscale, elle fera des tarifs la chose la plus arbitraire du monde, les modifiant suivant les besoins permanents ou passagers, ordinaires ou extraordinaires de l'Etat, suivant l'abondance ou la pénurie du Trésor, l'économie ou la prodigalité des ministres.

Entre les mains des Compagnies, dans les limites fixées par les conventions et sous le contrôle de l'Etat qui, nous le répétons, est suffisamment armé, les tarifs peuvent être sagement modifiés selon les légitimes besoins du commerce et de l'industrie. L'intérêt même des Compagnies offre à cet égard la plus sérieuse des garanties.

Entre les mains de l'Etat, les tarifs seront livrés à tous les hasards budgétaires, à toutes les sollicitations intéressées. à toutes les influences et toutes les pressions politiques.

III

Car, il est impossible d'espérer que la politique ne s'introduise pas dans l'exploitation des Chemins de fer, une fois que l'Etat en sera maître. Elle y fera irruption de toutes parts.

Quel butin d'ailleurs pour les partis !

Il y a là plus de **deux cent mille** places à distribuer : Deux cent mille places à désirer, à convoiter, à demander, à prendre ; deux cent mille places, grosses ou petites, sur lesquelles il n'en est pas une qui puisse manquer, nous ne disons pas de candidats ou de concurrents, mais de solliciteurs. Avec la fièvre de fonctionnarisme qui règne à l'état permanent dans notre pays, surtout en des temps agités comme le nôtre, il est vraisemblable que les compétitions seront ardentes.

La faveur pourra donner ce que le mérite n'obtiendra pas et, par des retours fréquents, la disgrâce enlever ce que la faveur aura octroyé.

Racheter les chemins de fer, mais c'est livrer le gouvernement, les ministres présents et à venir à toutes les sollicitations, à toutes les obsessions, à toutes les intrigues et à toutes les exigences.

Il y aura bien plus que des distributions de places, il y aura des tarifs électoraux, des lignes électorales. Il y aura tout ce qui pourra tuer une exploitation, mais du moins procurer des suffrages.

On dira que nous exagérons ; mais les Compagnies actuelles savent combien, en dépit de leur opposition, de leur répugnance, elles ont vu entrer, dans leur nouveau réseau, de lignes onéreuses qui n'eurent jamais d'autre intérêt qu'un intérêt électoral Que sera-ce quand, entre les ministres et de puissants solliciteurs, il n'y aura plus la résistance des Compagnies !

Nous ne parlons pas ici de la gratuité du transport accordée à tous les fonctionnaires et à tous ceux qui s'y croiront des droits, gratuité qui sera sans doute étendue à tout ce que l'Etat et ceux qui s'y rattachent par un lien quelconque pourront avoir à faire transporter. Nous ne reviendrons pas ici sur les faits qui signalèrent l'expérience qui fut tentée de 1849 à 1852.

Car il y a eu une expérience de cette sorte, tentée en France, absolument concluante quoi qu'on en dise, absolument décisive. Nous avons exposé ailleurs (1) les résultats qu'elle a donnés ; nous n'y reviendrons pas. Mais nous espérons bien que, lorsque le projet relatif au rachat viendra en discussion, quelqu'un, n'importe lequel de nos députés, montera à la tribune, et fera connaître à la Chambre des procès-verbaux dressés par les commissions chargées de surveiller l'administration des lignes exploitées. Il lui suffira, pour être éloquent et persuasif, de citer seulement les principales observations consignées dans ces étranges pro-

____

(1) Voir le *Rentier* des 27 janvier et 7 février 1879.

cès-verbaux que l'on trouvera aux archives du Ministère des Travaux publics.

IV

Mais hâtons-nous d'en venir aux conséquences financières du rachat. Elles sont de la plus haute gravité.

Examinons d'abord, d'après les chiffres mêmes fournis par la commission, les nécessités budgétaires qu'imposera approximativement le rachat de la seule Compagnie d'Orléans.

Annuité pendant soixante-dix-sept ans pour les lignes ayant plus de quinze années de concession,   80,400,000 fr.

Annuité correspondant au prix de premier établissement des lignes dont la concession définitive remonte à moins de quinze ans et pour rachats divers . . . . 3,400,000 fr.

Total. . . . . . 83,800,000 fr.

Nous prenons et nous acceptons actuellement ces chiffres tels qu'ils sont, quitte à montrer en temps et lieu combien ils sont discutables. Le premier donne bien le montant d'une somme à payer annuellement : mais le second ne représente que l'intérêt d'une somme à payer immédiatement en capital au moment même où le rachat s'effectuera et qu'il faudra par conséquent se procurer sur le champ.

Voilà donc pour une seule Compagnie près de 84 millions à inscrire au budget, somme qui devra s'augmenter dans de larges proportions si, dans les expertises qui auront lieu et les comptes qui devront s'établir, on ne s'applique pas à frustrer les Compagnies. Cette évaluation, si inférieure qu'elle soit à la vérité, permet de mesurer l'étendue des opérations financières que nécessitera le rachat des cinq autres compagnies.

Le réseau de la Compagnie d'Orléans représente en effet la sixième partie environ de la concession des Grandes Compagnies. Le rachat général auquel on arrivera forcément et à bref délai nécessitera donc l'inscription au budget d'une annuité de 504 millions représentant au taux moyen de 4 0/0, en supposant que l'Etat puisse toujours se procurer de l'argent à ce prix, un capital de 12,600,000 fr., dont une partie serait due immédiatement en capital.

Sans doute, s'il n'en fallait juger que par ses proportions, un tel projet pourrait paraître grandiose. Mais lorsqu'on jette un regard sur nos budgets de dépenses ordinaires et extraordinaires, lorsqu'on suppute l'énormité de notre dette perpétuelle, le chiffre de notre dette amortissable et celui de notre dette flottante; lorsqu'on calcule ce que coûtera l'exécution du vaste programme naguère présenté par M. de Freycinet et qu'on y ajoute le montant en capital des titres dont le rachat entraînera nécessairement la création, on se demande si vraiment hommes d'Etat et législateurs ne sont pas le jouet d'un mirage et du plus dangereux de tous : le mirage des milliards.

Sont-ce donc nos ruines, nos désastres, nos impôts écrasants, nos énormes octrois, nos emprunts répétés d'Etat, de départements et de villes, qui nous ont appris à jongler ainsi avec des sommes colossales? Quoi, avant la guerre, il nous semblait que ce fût beaucoup pour notre crédit que quelques centaines de millions et aujourd'hui, après tant de malheurs, tant de catastrophes, au milieu de nos crises industrielles et commerciales, les milliards ne nous étonnent même plus. Ce n'est rien que 3,400,000,000 fr. de travaux publics! Ce n'est rien que 12,600,000,000 fr. de chemins rachetés. Où donc veut-on aller ainsi? On vit en plein rêve, en pleine illusion.

Sans doute le crédit de l'Etat est puissant, sans doute il est fort, il est solide, il est immense. Mais il n'est pas infini. Il faut le traiter, si l'on veut le conserver intact, avec les plus grands ménagements.

L'État, fait-on observer, trouve de l'argent à très bas prix. Mais croit-on qu'il le trouvera toujours à ce taux? Cela n'est pas probable ; ajoutons que cela n'est même pas désirable.

Vienne un réveil de notre industrie et de notre commerce, les capitaux qui, depuis trop longtemps, n'y trouvaient plus d'emploi y reflueront avec empressement : ils se détacheront dans une très large mesure des rentes et des obligations de départements et de villes, et iront demander aux affaires un revenu plus rémunérateur et de plus larges chances de gain. Le crédit de l'Etat n'en sera pas affaibli, la confiance qu'il inspire n'en sera pas amoindrie ; mais il trouvera moins facilement des capitaux et, en tous cas, ne les obtiendra qu'à un prix plus élevé. Ce résultat n'aura cependant rien que de très heureux, de très favorable et, à tous égards, il faut le souhaiter.

Le taux auquel actuellement l'État peut se procurer de l'argent ne doit donc pas faire illusion.

Quoi de plus imprudent, d'ailleurs, que ces appels réitérés au crédit? Ils doivent, trop souvent renouvelés, l'énerver considérablement. Rien n'est plus délicat à manier. Sous l'empire de nécessités urgentes, M. Thiers a pu et su lui faire accomplir des prodiges, mais il n'a obtenu ces merveilleux résultats que grâce à des ménagements infinis, grâce à des précautions extrêmes et à un tact d'exécution exquis.

Des emprunts, même très limités, ne sont pas aussi faciles à effectuer avec succès que semblent le croire certains esprits d'ailleurs fort éclairés. Nous pourrions citer, par exemple, ce qui s'est produit lors de la première mise en circulation du 3 0/0 amortissable.

Une légère erreur, un mouvement un peu trop brusque, né peut-être d'un excès de confiance, ont suffi pour compromettre un instant la fortune du nouveau fonds d'Etat. Le mal a été bientôt réparé, il est vrai, mais pas aussi complètement qu'on le croit. Le peu d'écart qui existe entre le 3 0/0 amortissable et le 3 0/0 perpétuel indique suffisamment que ce dernier fonds est resté, quand même, le préféré.

Les opérations de crédit que le rachat des chemins de fer nécessitera seront dangereuses à tous les points de vue. Elles épuiseront inutilement la matière empruntable, qu'un gouvernement prudent ne saurait trop épargner, sous peine de la trouver tarie aux jours de nécessité urgente et de péril national. Elles accumuleront enfin, sans nul avantage appréciable, les charges sur la génération actuelle et les deux ou trois générations qui lui succéderont. Il ne faut pas oublier que les annuités qui seront inscrites au budget pour pourvoir au rachat des chemins de fer y devront être maintenues *pendant soixante-dix-sept ans*.

Or, dans soixante-dix-sept ans, en se donnant seulement la peine de ne se soucier de rien, sans avoir compromis son crédit, sans avoir lésé aucun intérêt, sans avoir troublé l'industrie et le commerce, sans avoir accru ses devoirs et ses responsabilités, l'Etat se trouvera naturellement, pacifiquement, légitimement, en vertu des termes mêmes de son contrat, possesseur heureux d'un réseau admirable que les Compagnies ne tiennent actuellement qu'à bail emphytéotique.

La conversion d'entreprises libres, prospères en entreprises d'Etat languissantes, la conversion d'actionnaires et obligataires des Compagnies en rentiers de l'Etat plus ou moins mécontents, sera une opération coûteuse et périlleuse dont les conséquences se feront longtemps sentir. Combien ne vaudrait-il pas mieux effectuer, ce qu'il serait si facile de faire, cette conversion du 5 0/0 si avantageuse, à tous les points de vue, si désirable, si conforme aux intérêts de l'Etat et à ceux des contribuables !

CONCLUSION

Des considérations que nous avons successivement présentées, il résulte :

1° Que le rachat général sera, quelque engagement qu'on prenne, la suite naturelle du rachat de la Compagnie d'Orléans, comme celui-ci se trouve être la conséquence du rachat des lignes secondaires ;

2° Que le rachat entraîne l'exploitation par l'Etat ;

3° Que toutes les expériences tentées à l'étranger, sur une échelle plus ou moins vaste, ont été défavorables ;

4° Que, d'ailleurs, une expérience décisive a été tentée en France même et a misérablement échoué ;

5° Qu'au point de vue de l'intérêt de l'industrie, du commerce et de tous les intérêts privés, le rachat et l'exploitation par l'Etat donneront des résultats plus désastreux encore ;

6° Qu'au point de vue politique le régime proposé sera un nouvel élément de démoralisation ;

7° Que tôt ou tard l'exploitation des chemins de fer sera une charge budgétaire pour les contribuables ou une matière fiscale pour l'Etat ;

8° Que les opérations financières nécessitées par le rachat seront dangereuses pour le crédit de l'Etat.

Nous eussions pu, à ces considérations, ajouter toutes les objections que soulève l'évaluation même du prix de rachat, le peu d'égards, disons mieux, le peu d'équité qu'on témoigne envers les actionnaires sans les sacrifices desquels on n'eût pu construire les lignes nouvelles ; nous eussions pu faire ressortir l'ingrat oubli des admirables services rendus par les Compagnies pendant la guerre et du concours financier qu'elles ont prêté à l'Etat après nos désastres. Mais il est des points sur lesquels il nous eût été pénible d'insister et nous avons évité de passionner cette étude. Nous formulerons brièvement notre conclusion.

Le projet de la Commission est funeste comme tendance. L'expérience qu'elle propose aura des suites graves et prolongées. L'Etat multipliera ses devoirs, son action et sa responsabilité, en brisant une organisation excellente, des instruments précieux de production, d'échange et de crédit ; il contribuera à diminuer l'initiative privée et découragera des concours et des dévouements acquis pour rechercher des avantages imaginaires et courir des périls certains.

ALFRED NEYMARCK.

Amiens. — Imp A. Douillet et Cie, rue du Logis-du-Roi, 13.

12ᵉ Année.   12ᵉ Année.

LE RENTIER

Journal Financier Politique

FONDÉ EN 1869.

DIRECTEUR-PROPRIÉTAIRE : **M. ALFRED NEYMARCK**

Grand Format — Paraît tous les dix jours — Nombreux Suppléments.

4 FR. PAR AN.

Administration : **31, rue Neuve-St.-Augustin.**

On s'abonne dans tous les bureaux de Poste sans frais.

L'Administration du Journal le RENTIER ne reçoit ni fonds, ni valeurs en dépôt, reports ou participations.

LIBRAIRIE GUILLAUMIN & Cie

Rue Richelieu, 14.

DERNIÈRES PUBLICATIONS :

Traité des impôts en France, par M. Edouard VIGNES, 4e édition, mise au courant de la législation par M. VERGNIAUD. 2 vol. in-8. Prix . . . . 16 fr.

Traité d'économie politique, par M. Joseph GARNIER, membre de l'Institut, rédacteur en chef du *Journal des Économistes*, 8e édition. Très fort vol. in-8. Prix . . . . . 7 fr. 50

Traité de la science des finances, par M. Paul LEROY-BEAULIEU, 2e édition. 2 beaux volumes in-8. Prix. . . . . 24 fr.

Premières notions d'économie politique, sociale ou industrielle, par M. Joseph GARNIER, membre de l'Institut, 5e édition. In-18. Prix . . . . 2 fr. 50

La Politique, par BLUNTSCHLI, traduit de l'allemand et précédé d'une préface par M. de Riedmatten. 1 vol. in-8. Prix . . . . , ... 8 fr.

Nouveau commentaire des lois sur les brevets d'invention, suivi d'une instruction pratique, avec modèles d'actes et formules de procédure, par F. MALAPERT, avec la collaboration de Jules Forni. 1 vol. in-8. Prix . . . . 8 fr.

La Transformation des moyens de transport et ses conséquences économiques et sociales, par M. DE FOVILLE. 1 vol in-8. Prix . . . . , ... 7 fr. 50

Histoire de l'esclavage ancien et moderne, par A. TOURMAGNE. 1 vol. in-8. . 6 fr. 50

L'Impôt sur le revenu mobilier en Italie. Législation et résultats, par M. VESSÉLOWSKY. 1 vol. gr. in-8. Prix . . . . 3 fr.

Les Institutions administratives en France et à l'étranger, par M. FERRAND. 1 vol. in-8. Prix . . . . 6 fr.

Patrons et ouvriers de Paris. Réformes introduites dans l'organisation du travail par divers chefs d'industrie. Etude présentée au Congrès des institutions de prévoyance en juillet 1879, par M. A. FOUGEROUSSE. 1 vol. in-8. Prix. . . . . 4 fr.

La Fraternité humaine, ou les sociétés de secours mutuels, de coopération, de crédit populaire, de participation et les communes coopératives, par M. Francesco VIGANO. Traduction de Mme Jules FAVRE. 1 vol. gr. in-8. Prix . . . . 12 fr.

De l'application de l'assurance sur la vie à la garantie absolue du capital et de l'intérêt. — De l'assurance contre la faillite, par le Dr PEYRAUD. Br. in-8 Prix 3 fr.50

Les finances françaises, par M le comte de CASABIANCA, ancien ministre, ancien procureur général près la Cour des comptes. 1 vol. in-8. Prix . . . . 6 fr.

Théorie du crédit, étude économique où se trouvent exposés les moyens pratiques d'établir la justice dans les transactions, dans la législation civile et dans l'impôt, par M. Clément FAVAVEL, tome III. 1 vol. in-18. Prix . . . . 5 fr.

L'association douanière de l'Europe centrale, étude par Richard de KAUFMANN. Grand in-8. Prix . . . . 2 fr. 50

Traité complet d'arithmétique, théorique et appliquée au commerce, *à la banque, aux finances, à l'industrie*, contenant un *Recueil de problèmes avec les solutions*, 8e éd. avec fig., par M. Joseph GARNIER, ancien directeur des études à l'Ecole supérieure du commerce, membre de l'Institut. 1 très beau vol. in 8. Prix . . . . 8 fr.

Traité de comptabilité et d'administration industrielles, par M. GUILBAULT. 2 vol. in-8, avec atlas. Prix. . . . . 14 fr.

Le Traité Franco-Américain. Documents pour servir aux négociateurs. Paris. Br. in-8. Prix . . . . 1 fr.

9 782013 450263